TRAITÉ
DE LA TRADUCTION,

ou

L'ART DE TRADUIRE

LE LATIN EN FRANÇAIS.

PARIS. — IMPRIMERIE DE CASIMIR,
RUE DE LA VIEILLE-MONNAIE, N° 12.

TRAITÉ
DE LA TRADUCTION,

OU

L'ART DE TRADUIRE
LE LATIN EN FRANÇAIS,

ABRÉGÉ DE L'OUVRAGE

DE M. FERRI DE SAINT-CONSTANT,

A L'USAGE

DES QUATRIÈMES ET TROISIÈMES.

Par Adrien Viguier,

PROFESSEUR DE RHÉTORIQUE, AGRÉGÉ.

PARIS,

BRUNOT-LABBE, LIBRAIRE DE L'UNIVERSITÉ ROYALE,
QUAI DES AUGUSTINS, N° 33.

1827.

EXTRAIT
DE LA PRÉFACE DE M. FERRI.

« Les bons esprits ont toujours pensé qu'une méthode de traduction française devrait être associée à la méthode de composition latine. Si, pour bien apprendre une langue, il est utile et même nécessaire de l'écrire, il ne l'est pas moins de l'entendre et d'en traduire les auteurs. La convenance de l'union de ces méthodes est prouvée par la pratique même des écoles, puisque de tout temps on a exercé également les élèves à faire des thèmes et des versions, et que l'on pense même généralement avec l'illustre Rollin, qu'il convient de commencer par ces dernières. Ces méthodes peuvent d'autant plus être associées, que presque toutes leurs règles sont communes... Toutes les observations qu'on peut offrir au traducteur pour l'aider à saisir le génie de la langue latine, sont également utiles à celui qui se livre à la composition latine. »

TRAITÉ
DE LA TRADUCTION.

Définition.

Traduire, c'est transporter un auteur d'une langue dans une autre.

La traduction est la méthode la plus simple, la plus courte et la plus sûre d'apprendre une langue. C'est le moyen le plus propre à développer l'esprit et à former le goût. Elle fixe, en quelque sorte, les regards sur mille choses qui échapperaient à la lecture la plus attentive. Elle apprend à lier les idées comme celles de son auteur, et à s'en approprier insensiblement les tours, les images et les expressions.

DIVERSES ESPÈCES DE TRADUCTION.

Il y a deux espèces de traduction : la traduction littérale, ou *version*, et la *traduction* proprement dite.

CHAPITRE PREMIER.
DE LA VERSION.

La version, quoique élégante quelquefois, est en général une traduction brute. Son objet est de faire connaître le sens de l'auteur. Ses règles essentielles sont, 1º la valeur des mots, et la manière de rendre les différentes parties du discours ; 2º l'arrangement des mots, ou *construction*.

Nous renverrons pour *la valeur des mots* aux nomenclatures des étymologies, homonymes, synonymes, etc.

Art. Iᵉʳ.—*Manière de rendre les différentes parties du discours.*

DES SUBSTANTIFS.

1º *Nom propre et nom commun.* Le nom propre a une valeur déterminée et invariable ; on doit le rendre tel qu'il est dans le texte. *Ah! Corydon, Corydon, quæ te dementia cepit!* Si vous dites : *Ah! Corydon, infortuné berger, quelle fureur te possède!* vous affaiblissez le sentiment.

Quelquefois on substitue le nom propre au nom commun pour éviter des équivoques, et donner plus de clarté au discours.

2º *Nombres.* On rend quelquefois le pluriel par le singulier. *Hunc librum ad te mittimus*, je vous envoie ce livre. *Mella fluunt*, le miel coule. Quelquefois le singulier par le pluriel. *Romanus prælio victor*, les Romains vainqueurs dans le combat.

DES ADJECTIFS.

1º *Adjectif traduit par un substantif.* Lorsque l'adjectif a sur la phrase plus d'influence que le nom auquel il est joint, on le change en substantif. *Athenæ florebant æquis legibus*, Athènes florissait par la sagesse des lois.

Remarque. On se sert en latin de l'adjectif *sex-*
centi, pour dire *une foule*, *une infinité*.

2° *Adjectif traduit par un adverbe*. *Venio in
sénatu frequens*, je viens souvent au sénat.

3° *Adjectif comparatif*. Les Latins mettent souvent un comparatif au lieu des adverbes *multum*,
valdè avec le positif.

DES PRONOMS.

Le pronom personnel au datif s'exprime quelquefois par le pronom possessif. *Mihi dextra redi-
bat*, ma main revenait.

Les pronoms *is*, *ille* se rendent par les substantifs dont ils tiennent la place, lorsqu'il peut y
avoir quelque ambiguité. On les substitue au
pronom relatif *qui* commençant une phrase.

DES VERBES.

1° *Actif et passif*. On rend souvent le passif par
l'actif. *Nunciatum est nobis*, on nous a annoncé.

2° *Temps*. Quelquefois les Latins mettent le
futur au lieu de l'impératif ; on le traduit par
ce dernier. *Tu me diliges et valebis*. Aimez-moi,
et portez-vous bien. Quelquefois on conserve le
futur.

Le présent du subjonctif se rend par le futur de
l'indicatif, et par l'imparfait du subjonctif, surtout dans *volo, nolo, malo*. *Multò malim*, j'ai-
merais mieux.

Le futur avec *si* se rend par le présent. *Id si
feceris*, si vous faites cela.

Le présent de l'infinitif se rend quelquefois par

le présent ou l'imparfait de l'indicatif, ou bien l'on ajoute le verbe *commencer* qui est sous-entendu. *Ille flere, clamare.* Il pleure, crie.

3° *Verbes inchoatifs et fréquentatifs.* Les premiers, terminés en *escere*, marquent le commencement, la progression graduelle de l'action ; les seconds, terminés en *itare*, marquent l'action réitérée : *albescere, ventitare.*

DES PARTICIPES.

L'usage du participe, très-commun en latin, doit être rare en français.

1° *Participe présent actif.* Il se traduit par le substantif : *observabam illos venientes aut abeuntes*, j'observais leurs allées et venues. Par un infinitif, avec ou sans la préposition *pour. Venit tentans me*, il vint pour me tenter, ou bien : il vint me tenter.

2° *Participe futur passif.* Il se rend par *il faut, on doit, il est digne, il mérite. Moriendum est*, il faut mourir.

3° *Ablatif absolu.* Il se traduit par un substantif : *Regnante Augusto*, sous l'empire d'Auguste, Il se traduit très-souvent comme s'il y avait *dùm, cùm, antequàm*, etc. *Recitatis litteris*, quand on eut fait la lecture de la lettre.

DES ADVERBES.

Les adverbes se rendent volontiers par des substantifs ou des adjectifs en ajoutant *avec, sans* ou le mot *manière. Rudè*, avec grossièreté, ou d'une manière grossière.

DES CONJONCTIONS, PRÉPOSITIONS, INTERJECTIONS.

On ne doit point supposer des conjonctions lorsqu'il n'y en a point dans le texte. *Venias rogo* a plus de force que *rogo ut venias.*

Lorsque la liaison entre les membres de la phrase est sensible, et que les conjonctions rendent le discours lâche et diffus, on peut les retrancher. On les conserve lorsqu'elles donnent de la force à la pensée, et de la vivacité au style. Les prépositions et les interjections veulent être rendues avec toute l'énergie et la propriété possibles.

Art. II. — *De la construction.*

Comme on apprend de bonne heure ce qu'on appelle la *construction grammaticale*, nous nous bornerons à des observations sur la construction en général.

La construction, selon le sens le plus étendu, est l'arrangement des mots dans les phrases, et des phrases dans les périodes qu'on sait être des phrases composées de deux, trois, quatre autres. C'est de cet arrangement que dépend toute la grâce et une partie de la force du discours.

La construction latine suit constamment l'ordre de l'importance des objets. Ainsi : 1° Si le sujet de la phrase est l'objet principal, il paraît à la tête : *saxa voci respondent.* 2° Si cet objet est l'action même qui se fait ou s'est faite, le verbe qui l'exprime se montre le premier : *ibant obscuri.* 3° Si l'attention principale est due à l'objet de l'action, comme il arrive très-souvent, alors le régime passe avant le verbe : *serpentem fuge*. 4° S'il s'agit de la manière ou de quelque circonstance de l'action, l'adverbe ou ce qui en tient lieu est le premier : *non benè conveniunt virtutes et divitiæ*.

Les auteurs latins suivent cet ordre presque partout, et particulièrement dans les endroits animés. S'ils s'en écartent quelquefois, c'est seulement dans les parties les moins importantes, en faveur de l'harmonie, par exemple, pour ménager, au moyen d'un verbe placé à la fin de la phrase, une suspension agréable et une chute nombreuse.

La construction française n'a pas les avantages de la latine. En général plus uniforme, elle arrange les mots presque toujours dans le même ordre. Elle présente d'abord le nominatif, puis le verbe, puis le régime, suivant plutôt l'ordre de l'intelligence et de la réflexion que celui du sentiment et des mouvemens du cœur.

DES FIGURES DE CONSTRUCTION.

On appelle ainsi certains tours peu conformes à la manière de parler la plus régulière, c'est-à-dire à la construction simple. Ce sont proprement des violations des règles grammaticales dont les auteurs usent pour donner au discours plus de précision, de force et de variété. Les principales figures de construction sont l'ellipse, le pléonasme, la syllepse, l'hyperbate, l'hellénisme.

DE L'ELLIPSE.

L'ellipse, figure qu'offre habituellement la langue latine, qui est, *pour ainsi dire, tout elliptique*, supprime quelques mots nécessaires à l'intégrité de la phrase, et qu'il convient de suppléer pour la rétablir. *Ne sus Minervam* : le verbe *doceat* sous-entendu régit l'accusatif *Minervam*.

On distingue de l'ellipse proprement dite celle qu'on appelle *zeugma*. Le zeugma consiste, 1° à rapporter à un seul verbe plusieurs membres d'une phrase dans chacun desquels ce verbe est sous-entendu. *Testor, cara, Deos, et te, germana, tuumque dulce caput. Testor* est sous-entendu deux fois. 2° A ne pas répéter dans tous les membres d'une phrase un mot exprimé dans le premier, parce qu'il pourrait changer de cas, ou de genre, ou de nombre : *sociis et rege recepto* : sous-entendu *receptis* avec *sociis*.

DU PLÉONASME.

Le pléonasme ajoute des mots qui ne sont pas nécessaires au sens de la phrase, et qui quelquefois lui donnent de la force ou de la grâce, et quelquefois le déparent par des répétitions inutiles. *Vidi oculis* est un pléonasme vicieux : *vidi* suffit. Si on dit : *His oculis vidi*, le pléonasme n'est pas vicieux, parce que l'adjectif *his* donne un sens plus déterminé à la phrase. *Græcorum longè doctissimus* est énergique ; *sic ore locutus* semble un défaut réel.

DE LA SYLLEPSE.

Cette figure fait concevoir le sens autrement que les mots ne le portent, et l'on fait la construction selon le sens, et non selon les paroles. Par elle on viole la règle de la concordance des genres et des nombres : *pars bestiis objecti.* C'est comme s'il y avait : *pars erat hominum qui fuerunt bestiis objecti.*

DE L'HYPERBATE.

L'hyperbate consiste dans le déplacement, la coupe des mots qui composent le discours. Par exemple : *Mecum, maria omnia circum,* pour *cum me, circum omnia maria.*

DE L'HELLÉNISME.

L'hellénisme n'est qu'une façon de parler propre à la langue grecque, imitée par les Latins. Par exemple : *Os humerosque Deo similis :* sous-entendu *secundum.* Un hellénisme assez ordinaire est l'attraction de régime ou de genre. *Utor libris quibus habeo ;* le relatif *quibus* est attiré à l'ablatif par l'antécédent, quoique le verbe dont il dépend régisse l'accusatif.

Nous avons vu les règles essentielles de la version. Comme elle doit toujours aspirer à se rapprocher de la traduction proprement dite, les autres règles de l'art de traduire lui sont communes avec celle-ci, qui achève l'ouvrage ébauché.

CHAPITRE II.

DE LA TRADUCTION PROPREMENT DITE.

La traduction proprement dite suppose nécessairement la version ; mais elle doit avoir en outre de la facilité, de la convenance, de la correction, et le ton propre au sujet, conformément au nouvel idiome. Ne se bornant pas, comme la version, à faire entendre la pensée, elle doit la rendre comme on l'exprimerait si on l'avait conçue de soi-même. Ainsi une bonne traduction nous présentera un fidèle tableau de tous les traits de l'original, et les rendra dans une telle perfection qu'elle puisse en tenir lieu.

Art. Ier. — *Qualités générales de la traduction.*

Ces qualités générales sont la fidélité, la précision, la clarté, et la pureté avec l'élégance.

I. DE LA FIDÉLITÉ.

Nous ne parlons point ici de cette fidélité qui s'attache à rendre le texte à la lettre. Rien n'est plus infidèle que cette espèce de fidélité qui conserve la lettre, et tue l'esprit. La véritable fidélité, qui renferme en quelque sorte toutes les lois de l'art de traduire, consiste à se tenir près du texte, tant qu'on peut le faire sans s'écarter du génie de sa propre langue, et à conserver ses traits caractéristiques, c'est-à-dire, 1º à faire dire à un auteur ce qu'il dit sans rien ajouter, sans rien retrancher; 2º à le lui faire dire de la manière dont il le dit.

1º Il faut faire dire à un auteur ce qu'il dit sans rien ajouter, sans rien retrancher. Ajouter, c'est défigurer; et retrancher, c'est tronquer. La Bruyère est tombé dans ces deux défauts opposés en traduisant ce passage de Cicéron : *Quis uberior in dicendo Platone ?* qu'il rend ainsi : Qui est plus fécond et plus abondant que Platon ? Il a ajouté le mot *fécond*, et il omet *in dicendo*. Il eût été plus exact en disant : Qui a jamais eu dans son élocution plus d'abondance que Platon ?

2º Il faut faire dire à l'auteur ce qu'il dit de la manière dont il le dit. Pour cela il faut conserver l'ordre des idées, retracer les tours, rendre exactement les pensées, représenter les images, exprimer les sentimens.

DE L'ORDRE DES IDÉES.

On ne doit point toucher à l'ordre des idées. Il y a eu une raison, quelque difficile qu'il soit de l'observer, qui a déterminé l'auteur à prendre un arrangement plutôt qu'un autre : c'est l'énergie, la grâce ou l'harmonie. Si les idées bien placées dans l'auteur sont placées autrement dans la traduction, on a défiguré plutôt que traduit. On met au commencement ce qui était à la fin, à la fin ce qui était au milieu. C'est de l'arrangement des idées que dépend leur beauté, leur agrément, leur naturel.

Italiam primus conclamat Achates ;
Italiam læto socii clamore salutant.

Latium ! Latium ! crie aussitôt Achate ;
Latium ! Latium ! disent nos cris joyeux.

Il est dans l'ordre que l'idée de l'Italie s'offre d'abord à l'esprit, et soit exprimée la première. La beauté de ces vers tient à cette disposition.

DES TOURS.

Outre l'arrangement des idées, il y a encore celui des mots qui s'appelle *tour*. On doit laisser les tours tels qu'ils sont dans l'original, dès que la langue s'y prête ; sinon il faut les remplacer par des tours équivalens. Tacite dit d'Agricola : *Rarissimâ moderatione maluit videri bonos invenisse quàm fecisse.* On traduira : Par une très-rare modération, il aima mieux les avoir trouvés que remis dans le devoir.

DES PENSÉES.

Traduire fidèlement une pensée, c'est en conserver le sens absolument tel que l'auteur le présente ; ce qui dépend de l'ordre des idées et de la valeur des mots, articles dont nous avons parlé. Nous ajouterons ici quelques observations sur le caractère des pensées.

Les pensées énergiques sont les plus difficiles à traduire, vu leur précision. Exemple : *Deesse nobis terra in quâ vivamus, in quâ moriamur non potest.* La terre peut nous manquer pour vivre, mais non pour mourir.

Les pensées nobles offrent à l'esprit de grandes

choses. Il faut que l'expression réponde aux idées, puisqu'elle fait partie de leur noblesse. Sénèque dit de Cicéron : *Illud ingenium quod solum populus Romanus par imperio suo habuit.* Le seul génie qu'ait eu le peuple romain égal à son empire.

Les pensées délicates et les pensées fines sont souvent difficiles à traduire, et quelquefois intraduisibles. Ce qu'il y a de plus délicat s'évapore en passant dans une autre langue. *Felix se nescit amari :* l'homme heureux ignore s'il est aimé.

Les pensées brillantes, défauts agréables de Pline, de Sénèque, doivent avoir dans la traduction à peu près la même étendue dans les mots ; sans quoi l'on ternit, ou l'on augmente leur éclat. *Curæ leves loquuntur, ingentes stupent :* les faibles douleurs se plaignent, les grandes sont muettes.

DES IMAGES.

Ce qui constitue la force, la grandeur, ou la délicatesse d'une pensée, c'est presque toujours l'image sous laquelle elle est présentée. Les images font le charme de l'éloquence et surtout de la poésie. Elles consistent quelquefois dans un seul mot, ou dans une courte périphrase. Le traducteur doit les conserver toutes les fois que le génie de sa langue le permet. Son talent est de retracer les touches propres et particulières de l'original. *Canitiem galeâ premimus :* nous portons les armes dans la vieillesse. Cette traduction rend la pensée, mais non pas l'image. Dites : nous couvrons d'un casque nos cheveux blancs.

DES SENTIMENS.

Les sentimens impriment aux pensées un caractère qu'il importe de conserver, si l'on ne veut en affaiblir, et même en altérer le sens. Il n'est rien de plus difficile à rendre. Dans tout ce qui est du genre descriptif, on peut, à force d'art, retracer les richesses de l'original, ou du moins s'en rapprocher ; mais dans la peinture des sentimens il faudrait sentir comme l'auteur pour trouver l'expression vraie et naturelle.

Ici néanmoins le traducteur est favorisé par la langue française, qui est une des plus riches dans l'expression des sentimens et de la passion.

Eurydice ravie à Orphée lui dit :

Jamque vale : feror ingenti circumdata nocte,
Invalidasque tibi tendens, heu! non tua, palmas.

Aucun traducteur n'a rendu avec succès *heu! non tua.*

Orphée, retiré sur des rives désertes, chante Eurydice :

Ipse cavâ solans ægrum testudine amorem,
Te, dulcis conjux, te solo in littore secum,
Te veniente die, te decedente canebat.

Délille a traduit ainsi :

Son époux s'enfonça dans un désert sauvage ;
Là, seul, touchant sa lyre, et charmant son veuvage,
Tendre épouse, c'est toi qu'appelait son amour,
Toi qu'il pleurait la nuit, toi qu'il pleurait le jour.

Ces beaux vers laissent encore à désirer *ægrum*

amorem, et ce *littore solo* dont la douce mélancolie diffère bien du *désert sauvage*.

II. DE LA PRÉCISION.

Nous avons déjà parlé de cette qualité lorsque nous avons recommandé au traducteur de ne faire dire à son auteur que ce qu'il dit. La précision consiste à dire beaucoup en peu de mots. Il faut cependant distinguer la précision des pensées de la précision des expressions. L'une vient de la force de l'imagination, et l'autre d'une sage économie dans les termes et dans la façon de s'exprimer, Lorsque César dit à Brutus qu'il voit au nombre de ses assassins : *Tu quoque, fili mi !* et toi aussi, mon fils ! la précision est dans les pensées. Cette précision est un effet du génie et non de l'art. Mais celle de l'expression s'acquiert par l'exercice, quoique difficilement. On s'y accoutume en traduisant ; mais ce n'est qu'en luttant alors avec les originaux. Il ne faut pas oublier que la précision, même dans les langues qui en sont le plus susceptibles, dépend beaucoup du génie de l'écrivain.

Énée dit :

Littora tum patriæ lacrymans, portusque relinquo,
Et campos ubi Troja fuit.

Les yeux en pleurs, je pars, je fuis ces bords chéris,
Ces antiques remparts dont Vulcain fit sa proie,
Et les toits paternels, et les champs où fut Troie.

D.

Un seul et même trait donne mieux que tous les détails possibles l'idée la plus vive et la plus juste de la ruine du puissant Ilion.

III. DE LA CLARTÉ.

La clarté est une qualité si essentielle qu'elle semble commander presque à tout. Le défaut de clarté dans une traduction provient le plus souvent de ce qu'on ne saisit pas bien le sens de l'auteur. On trouve quelquefois des passages obscurs qui demandent d'être étudiés pour être entendus ; on en rencontre aussi qui ont besoin d'être devinés, étant susceptibles de plusieurs interprétations. Il faut alors suivre la liaison des idées qui conduit au véritable sens, ou du moins au sens le plus plausible. L'histoire des temps et des circonstances dans lesquelles l'original a été écrit, sert dans beaucoup de passages à en faciliter l'intelligence.

Des transpositions vicieuses, des périodes trop longues, des parenthèses insérées mal à propos, des termes relatifs trop peu caractérisés ou mal placés, des équivoques, des amphibologies, quelquefois même une trop grande concision, rendent le discours obscur. On rétablira la clarté en faisant disparaître ces défauts.

IV. DE LA PURETÉ ET DE L'ÉLÉGANCE.

Deux choses contribuent à la pureté du style ; la correction grammaticale, et la propriété des termes. La première consiste dans l'observation rigoureuse des règles de la grammaire et des usages de la langue, ce qui bannit du style le barbarisme et le solécisme ; la seconde à énoncer précisément le sens qu'on a voulu faire entendre, ce qui exige une grande attention dans le choix des termes. Un terme propre rend l'idée tout entière ; un terme peu propre la rend à demi ; un terme impropre la défigure. *Multa et præclara minatur.* Il *menace* de faire de grandes choses, pour il *promet :* voilà un terme impropre. *Mobilitas linguæ*, la mobilité de la langue : il faut la *volubilité.*

Du reste, ne confondez pas la pureté avec le purisme. Celui-ci est une affectation excessive de fuir tout ce qui pourrait altérer la correction grammaticale ; l'autre ne nuit jamais à la beauté de l'élocution.

L'élégance, qui suit la pureté, doit présenter un ensemble harmonieux où l'on ne trouve ni inversions forcées, ni enjambemens, ni répétitions désagréables, ni cacophonie, ni chutes brusques qui tronquent les pharses.

Art. II. — *Qualités particulières de la traduction.*

Chaque genre d'écrire a son ton, son style, ses convenances qu'il importe de ne pas confondre, si l'on veut conserver à l'auteur son caractère. On doit donc examiner à quel genre appartient l'ouvrage qu'on se propose de traduire. Les qualités qui sont propres aux différens genres, et qui les distinguent les uns des autres, forment les qualités particulières de la traduction.

Ce n'est pas ici de notre objet d'entrer dans des détails ; nous nous bornerons à dire que le genre *historique* demande un style noble, varié, agréable et rapide, facile ou soutenu selon le sujet que l'on traite, grave, brillant ou passionné dans les tableaux et les discours; que le genre *oratoire*, tour à tour simple, sublime, tempéré, doit retrouver ces diverses couleurs dans une traduction qui offre tantôt la propriété, la justesse et la clarté des termes, sans ornemens pompeux; tantôt une expression analogue à la grandeur des idées, à la véhémence et au pathétique des sentimens; tantôt les tours figurés, les images, le brillant des pensées, avec l'harmonie du nombre et la cadence du style. Quant à la *poésie*, nous aimons mieux n'en rien dire qu'en dire trop peu. Nous rappellerons seulement que cette interprète de l'imagination est le Protée de la fable, si difficile à saisir pour rendre les oracles des dieux.

FIN.

www.ingramcontent.com/pod-product-compliance
Lightning Source LLC
LaVergne TN
LVHW010127060726
842524LV00005B/1787